BEI GRIN MACHT SICH IHR WISSEN BEZAHLT

- Wir veröffentlichen Ihre Hausarbeit, Bachelor- und Masterarbeit

- Ihr eigenes eBook und Buch - weltweit in allen wichtigen Shops

- Verdienen Sie an jedem Verkauf

Jetzt bei www.GRIN.com hochladen und kostenlos publizieren

Bibliografische Information der Deutschen Nationalbibliothek:

Die Deutsche Bibliothek verzeichnet diese Publikation in der Deutschen Nationalbibliografie; detaillierte bibliografische Daten sind im Internet über http://dnb.d-nb.de/ abrufbar.

Dieses Werk sowie alle darin enthaltenen einzelnen Beiträge und Abbildungen sind urheberrechtlich geschützt. Jede Verwertung, die nicht ausdrücklich vom Urheberrechtsschutz zugelassen ist, bedarf der vorherigen Zustimmung des Verlages. Das gilt insbesondere für Vervielfältigungen, Bearbeitungen, Übersetzungen, Mikroverfilmungen, Auswertungen durch Datenbanken und für die Einspeicherung und Verarbeitung in elektronische Systeme. Alle Rechte, auch die des auszugsweisen Nachdrucks, der fotomechanischen Wiedergabe (einschließlich Mikrokopie) sowie der Auswertung durch Datenbanken oder ähnliche Einrichtungen, vorbehalten.

Impressum:

Copyright © 2017 GRIN Verlag
Druck und Bindung: Books on Demand GmbH, Norderstedt Germany
ISBN: 9783668796638

Dieses Buch bei GRIN:

https://www.grin.com/document/441304

Memo Kap

Marketing eines Fitnessstudios. Makroumfeldanalyse, Wettbewerbsanalyse, Kommunikationspolitik, Kostenkalkulation, Synergieeffekte und Budget- und Werbeplanung

GRIN Verlag

GRIN - Your knowledge has value

Der GRIN Verlag publiziert seit 1998 wissenschaftliche Arbeiten von Studenten, Hochschullehrern und anderen Akademikern als eBook und gedrucktes Buch. Die Verlagswebsite www.grin.com ist die ideale Plattform zur Veröffentlichung von Hausarbeiten, Abschlussarbeiten, wissenschaftlichen Aufsätzen, Dissertationen und Fachbüchern.

Besuchen Sie uns im Internet:

http://www.grin.com/

http://www.facebook.com/grincom

http://www.twitter.com/grin_com

Deutsche Hochschule für
Prävention und Gesundheitsmanagement
Hermann Neuberger Sportschule 3
66123 Saarbrücken

Hausarbeit (kollektive Prüfungsleistung)

Name, Vorname	Kaplan, Mehmet
Modul	Marketing 1
Studiengang	Fitnessökonomie
Datum Präsenzphase	16.10.2017 bis 18.10.2017
Studienort	Stuttgart
Gruppe bzw. zu bearbeitende Stadt	Hannover
Unternehmenstyp*	**Fitness-Studio im Discount-Segment**

* abhängig von Aufgabenstellung: jeweils den zu bearbeitenden „Unternehmenstyp" eintragen

Inhaltsverzeichnis

1 MARKTBESCHREIBUNG / -ANALYSE 3

1.1 Allgemeine Informationen über den Unternehmenstyp 3

1.2 Lage und Standort des Unternehmens 3

1.3 Bestimmung von zwei Marktgebieten 3

1.4 Makroumfeldanalyse und Abschätzung des Marktpotenzials 4

1.5 Wettbewerbsanalyse 5

2 MARKETINGPLANUNG 6

2.1 Budgetplanung 6

2.2 Kommunikationspolitik 6

2.3 Werbeplanung 8

2.4 Kostenkalkulation / Budgetvergleich bei der Werbeplanung 8

2.5 Synergieeffekte im Rahmen der Kommunikationspolitik 9

3 ABSCHLUSSSTATEMENT 9

4 LITERATURVERZEICHNIS 11

5 ABBILDUNGS- UND TABELLENVERZEICHNIS 12

5.1 Abbildungsverzeichnis 12

5.2 Tabellenverzeichnis 12

1 MARKTBESCHREIBUNG / -ANALYSE

1.1 Allgemeine Informationen über den Unternehmenstyp

Bei dem vorgestellten Unternehmen handelt es sich um ein Fitness-Studio im Discount-Segment im süd-westlichen Teil von Hannover, da sich dort vermehrt ein Teil der Hauptzielgruppe aufenthält, in dem Fall Studenten. Der Slogan für das Studio lautet: Sei schlau und trainiere bei uns! Denn der durchschnittliche Netto-Beitrag von 16 €/Monat ist optimal für Personen mit einem geringeren Einkommen, wie z.B. Schüler, Studenten und Azubis u.ä., welche die Hauptzielgruppen des Unternehmens darstellen. Daher wird ein geringer Beitrag von 18 €/Monat angeboten und eine ermäßigte Mitgliedschaft von 14 €/Monat bei Vorlage eines gültigen Schüler- oder Studentenausweises. Es wird auf ein reduziertes Angebot, zu einem günstigen Preis gesetzt und die ständige Erweiterung des Produktangebots im Unternehmen soll weiterhin für eine hohe Nachfrage sorgen (Prof. Dr. Frank Daumann, Robin Heinze & Benedikt Römmelt, 2012, S. 2-6).

1.2 Lage und Standort des Unternehmens

Die Adresse des Unternehmens lautet: Oberstraße 10, 30167 Hannover. Somit befindet sich das Fitness-Studio in der Mitte von Hannover, westlich vom Hauptbahnhof, in der Nähe von der U-Bahn Haltestelle „Hannover Christuskirche (U)". Der Standort ist sehr attraktiv, denn es ist hauptsächlich von Universitäten umgeben, wie z.B. die Leibniz Universität Hannover mit 24.000 Studenten, welche die Hauptzielgruppe des Unternehmens sind und daher der Hauptgrund des Standortauswahls. Das Studio ist sowohl mit dem Auto als auch mit den öffentlichen Verkehrsmitteln gut und konfortabel zu erreichen. Außerdem ist die Entfernung zur Stadtmitte und zum Hauptbahnhof gering, was die Attraktivität des Standortes ebenfalls erhöht. Ein weiterer Grund für die Wahl des Standortes ist die Kaufkraft in Hannover. Der Kaufkraftindex liegt bei 102,9, was über dem Durchschnitt (100) liegt und für gute Voraussetzungen sorgt (Fachbereich Wirtschafts- und Beschäftigungsförderung Region Hannover, 2015, S. 19).

1.3 Bestimmung von zwei Marktgebieten

Abbildung musste aus urheberrechtlichen Gründen entfernt werden

Abbildung 1: Karte der Marktgebiete

Das Marktgebiet wird in zwei Gebieten aufgeteilt (Gebiet 1: grün, Gebiet 2: rot). In dem grünen Bereich ist unser Fitnessstudio (hellblaue Markierung mit der Nr. 1) innerhalb von 5 Minuten mit dem Auto zu erreichen. Das rote Gebiet zeigt die Erreichbarkeit innerhalb von 10 Minuten mit dem Auto. Im Marktgebiet 1 sind zwei weitere Markierungen zu finden, die die zwei stärksten Mitbewerber darstellen. Die lilane Markierung stellt „EASYFITNESS Hannover List", in der Hamburger Allee 2-4 dar. Die dunkelblaue Markierung ist der Standort von „McFIT Fitnessstudio Hannover Südstadt", in der Hildesheimer Str. 45-47.

1.4 Makroumfeldanalyse und Abschätzung des Marktpotenzials

Tabelle 1: Makroumfeldanalyse

Kaufkraft pro Einwohner in €, 2015	22071
Kaufkraftindex pro Einwohner, 2015	102,9
Arbeitlosenquote, Oktober 2017	6,9 %
Altersverteilung, Januar 2016	unter 18 Jahren: 81853 Einwohner, 14,8 % zwischen 18 und 60 Jahren: 339113 Einwohner, 61,5 % 60 Jahre und älter: 130948 Einwohner, 23,7 % Bevölkerung Insgesamt: 551914 Einwohner, 100 %
Einwohner Marktgebiet 1 (grün), Dezember 2016	Mitte: 10921 Einwohner Calenberger Neustadt: 6840 Einwohner Nordstadt: 17802 Einwohner Oststadt: 14295 Einwohner Vahrenwald: 24812 Einwohner Hainholz: 7295 Einwohner Herrenhausen: 8397 Einwohner Leinhausen: 3213 Einwohner Linden-Nord: 16657 Einwohner Linden-Mitte: 12356 Einwohner Linden-Süd: 10339 Einwohner Limmer: 6220 Einwohner Insgesamt: 139147 Einwohner
Einwohner Marktgebiet 2 (rot), Dezember 2016	Südstadt: 40221 Einwohner Waldhausen: 2267 Einwohner Waldheim: 1756 Einwohner Bult: 3074 Einwohner Zoo: 5053 Einwohner List: 45761 Einwohner Vahrenheide: 9974 Einwohner Burg: 3842 Einwohner Ledeburg/Nordhafen: 6086 Einwohner Stöcken: 12994 Einwohner Marienwerder: 2478 Einwohner Groß-Buchholz: 27278 Einwohner Kleefeld: 12765 Einwohner Döhren: 13748 Einwohner Davenstedt: 11007 Einwohner Badenstedt: 12409 Einwohner Bornum: 1382 Einwohner

	Ricklingen: 13066 Einwohner Oberricklingen: 10749 Einwohner Mühlenberg: 7573 Einwohner Wettbergen: 13053 Einwohner Ahlem: 11073 Einwohner Vinnhorst/Brink-Hafen: 7242 Einwohner Insgesamt: 274851 Einwohner
Gesamtmarktpotenzial Marktgebiet 1 (12 %)	139147 Einwohner * 0,12 = 16698 potenzielle Mitglieder
Gesamtmarktpotenzial Marktgebiet 2 (ebenfalls 12 %, Marktgebiet 2 wird mit 70% gewichtet)	(274851 Einwohner * 0,7) * 0,12 = 23087 potenzielle Mitglieder
Gesamtes Marktpotenzial	16698 potenzielle Mitglieder + 23087 potenzielle Mitglieder = 39785 potenzielle Mitglieder

1.5 Wettbewerbsanalyse

Tabelle 2: Wettbewerbsanalyse

Mitbewerber:	Beschreibung:	Stärken:	Schwächen:
EASYFITNESS Hannover List	Das Angebot ist breit aufgestelltes: z.B. Cardiotraining, Zirkeltraining, Functionaltraining, Kurse etc. Mit dem Slogan „KOMM REIN. SEI DU SELBST. MACH DEIN DING." soll das Wohlbefinden des Kunden in vordergrund stehen.	- Monatlich künbare Veträge - Fast 100 Studios in Europa (Deutschland, Österreich und Spanien)	- Hohe Start-Up Gebühren von 99.90 € - Das Studio ist oft überfüllt, da es günstig ist
McFIT Fitnessstudio Hannover Südstadt	Es werden Ausdauer-/Gerätetraining, freie Gewichte und verschiedene Kurse angeboten Slogan: Proud to be McFIT. Der Slogan verdeutlicht eine Positionierung im Sozialaspekt, d.h. es soll dem Kunden Stolz/Ehre vermitteln bei McFIT Mitglied zu sein.	- Öffnungszeiten (24 Stunden am Tag geöffnet) - Über 240 Studios und Standorte in 5 Ländern (Deutschland, Österreich, Spanien, Italien und Polen)	- Das Studio ist meistens überfüllt, da es günstig (19,90 €/Monat) und bekannt ist - Wenig Betreuung, meist gibt es vor Ort 1-2 Trainer die auf Anfrage helfen aber nicht permanent zur Verfügung stehen

Fazit: Unser Studio hat den Vorteil, dass die Preise günstiger sind, jedoch den Nachteil, dass die Mitbewerber einen hohen Bekanntheitsgrad und ein breiter aufgestelltes Angebot haben.

2 Marketingplanung

2.1 Budgetplanung

Tabelle 3: Jahresmarketingbudget

Erfahrungsgemäße Marketingkosten:	25 €/Neukunde
Geplante Mitgliederzahl nach dem ersten Geschäftsjahr:	2000 Mitglieder
Jahresmarketingbudget für das erste Geschäftsjahr:	25 €/Neukunde * 2000 Mitglieder = 50000 €.

2.2 Kommunikationspolitik

Eine Vermarktungskampagne, mit dem Primärziel, Mitgliedschaften vor der Eröffnung des Fitness-Studios am 01.09.2018 zu generieren, soll am 01.07.2018 starten. Das Direktmarketing, Online- und Social Media Marketing und die Verkaufsförderung sind neben der Werbung drei weitere Instrumente um das gewünschte Ziel zu erreichen. Annähernd ein Viertel des gesamten Kommunikationsbudgets wird für die Verkaufsförderung investiert, da es eine wichtige Funktion im Marketing hat und wird von daher gezielt angewendet (Tauberger, 2008, S. 13). Das Instrument Online- und Social Media Marketing ist eine gute Kummunikationsmöglichkeit, da es kostengünstig ist und viele Menschen bzw. die Hauptzielgruppe des Unternehmens das Social Media aktiv nutzt (Lammenett, 2015, S. 217 f.). Aus diesem Grund kommt das Online- und Social Media Marketing zum Einsatz. An erster Stelle soll die Bekanntheit des Unternehmens durch sämtliche Posts im Social Media (z.B. Facebook und Instagram) gesteigert werden. Eine gezielte Promotion in speziell ausgewählten Orten und Veranstaltungen, wo sich vermehrt die Hauptzielgruppe des Unternehmens aufenthaltet, wie z.B. Einkaufszentren, Feste, Fußgängerzonen, Bahnhöfe etc., soll die Bekanntmachung und vor allem die Generierung von Kontaktdaten unterstützen. Das Promotion-Team soll mit Hilfe von verbrauchergerichteter Verkaufsförderung, wie z.B. Gewinnspielen, Gutscheine/Coupons, Sonderangebote u.ä., die Aufmerksamkeit der Interessenten wecken und dadurch die erwünschten Kontaktdaten (Vorname, Name und Telefonnummer) einsammeln oder im Idealfall direkt vor Ort und Stelle eine Mitgliedschaft abschliessen. Falls kein Abschluss erfolgt, werden die Kontaktdaten weitergeleitet und es folgt eine Kontaktaufnahme per

Telefon oder per E-Mail, um eine Mitgliedschaft zu garantieren. Der Erfolg wird durch die Anzahl der generierten Kontaktdaten und Mitgliedschaften am Ende von der Kampagne gemessen.

Tabelle 4: Planung der Kampagne

Woche 1: Bekanntheitgrad steigern	- Jeden 2. Tag: Posts (Bilder, Videos etc.) - Promotion (An 3 Tagen): Öffentliche Plätze, Bahnhöfe, Fußgängerzonen. Hilfsmittel: Gutscheine/Coupons
Woche 2: Bekanntheitgrad steigern, Mitgliedschaften/Kontaktdaten generieren	- Jeden 2. Tag: Posts (Bilder, Videos etc.) - Promotion: Öffentliche Plätze, Bahnhöfe, Fußgängerzonen. Hilfsmittel: Gutscheine/Coupons
Woche 3: Bekanntheitgrad steigern, Mitgliedschaften/Kontaktdaten generieren	- Jeden 2. Tag: Posts (Bilder, Videos etc.) - Promotion: Öffentliche Plätze, Bahnhöfe, Fußgängerzonen Hilfsmittel: Gutscheine/Coupons + Stand in Einkaufszentren mit Gewinnspiele
Woche 4: Bekanntheitgrad steigern, Mitgliedschaften/Kontaktdaten generieren	- Jeden 2. Tag: Posts (Bilder, Videos etc.) - Promotion: Öffentliche Plätze, Bahnhöfe, Fußgängerzonen Hilfsmittel: Gutscheine/Coupons + Stand in Einkaufszentren mit Gewinnspiele
Woche 5: Bekanntheitgrad steigern, Mitgliedschaften/Kontaktdaten generieren	- Jeden 2. Tag: Posts (Bilder, Videos etc.) - Promotion: Öffentliche Plätze, Bahnhöfe, Fußgängerzonen Hilfsmittel: Gutscheine/Coupons + Stand in Einkaufszentren mit Gewinnspiele - Erneute Kontaktaufnahme per Telefon/E-Mail
Woche 6: Bekanntheitgrad steigern, Mitgliedschaften/Kontaktdaten generieren	- Jeden 2. Tag: Posts (Bilder, Videos etc.) - Promotion: Öffentliche Plätze, Bahnhöfe, Fußgängerzonen Hilfsmittel: Gutscheine/Coupons + Stand in Einkaufszentren mit Gewinnspiele - Erneute Kontaktaufnahme per Telefon/E-Mail
Woche 7: Bekanntheitgrad steigern, Mitgliedschaften/Kontaktdaten generieren (Abschluss!)	- Jeden Tag: Posts (Bilder, Videos etc.) - Promotion: Öffentliche Plätze, Bahnhöfe, Fußgängerzonen Hilfsmittel: Sonderangebote, Gutscheine/Coupons + Stand in Einkaufszentren mit Gewinnspiele - Erneute Kontaktaufnahme per Telefon/E-Mail
Woche 8: Bekanntheitgrad steigern, Mitgliedschaften/Kontaktdaten generieren (Ab-	- Jeden Tag: Posts (Bilder, Videos etc.) - Promotion: Öffentliche Plätze, Bahn-

schluss!)	höfe, Fußgängerzonen Hilfsmittel: Sonderangebote, Gutscheine/Coupons + Stand in Einkaufszentren mit Gewinnspiele - Erneute Kontaktaufnahme per Telefon/E-Mail

2.3 Werbeplanung

Tabelle 5: Werbeplanung

Werbemittel	Werbeträger
Flugblätter/Flyer	Außenwerbung
Radiospots	Radiosender
Plakate	Außenwerbung

Werbebudget (20 % vom Jahresmarketingbudget): 10000 €

Die Flyer und Plakate werden in beiden Marktgebieten in ausgewählten Standorte verteilt, ausgelegt und aufgehängt. Hier soll primär die Reichweite im Marktgebiet abgedeckt werden, je höher die Reichweite, desto besser (Schneider & Hennig, 2008, S. 288). Regelmäßigen Radiospots bei einem Radiosender, die vorallem unsere Zielgruppe anhört, werden zwei Mal täglich, einmal zur Mittagszeit zwischen 12 Uhr und 13 Uhr und einmal zur Feierabendzeit zwischen 17 Uhr und 18 Uhr für sieben Tage gesendet. Dadurch soll ebenfalls die Reichweite erhöht werden und unterstützend zu den Flyer und Plakate soll die Zielgruppe erreicht und die Affinität stabilisiert werden (Weis, 2010, S. 211).

2.4 Kostenkalkulation / Budgetvergleich bei der Werbeplanung

Tabelle 6: Kostenkalkulation

Werbemittel und Werbeträger	Kosten in Euro (BRUTTO)
Personalkosten, Promotion: 9€/Std., 3 Std./Tag, 6 Aushilfen, 30 Arbeitstage in 8 Wochen	4860
Radiospot bei Funk & Fernsehen Nordwestdeutschland GmbH & Co. KG, 5.-8. Woche, 3-mal/Woche, Spotlänge: 10 Sekunden	1680
Plakate, DIN-A1, 500 Stück, gedruckt bei Onlineprinters GmbH	158,72
Flyer, DIN-A6, 25000 Stück, gedruckt bei Onlineprinters GmbH	137,23
Gesamtwerbekosten	6835,95

Um eine hohe Anzahl an Generierungen zu erlangen und somit einen erfolgreichen Start des Unternehmens zu garantieren, wird in die Werbeplanung großzügig investiert. Mit

6835,95 € liegen die Gesamtwerbekosten der Kampagne über 50 % des Werbebudgets, daher bleiben 3164,05 € (10000 € – 6835,95 € = 3164,05 €) für sonstige Werbeplanungen. Die Personalkosten sind mit 4860 € am höchsten und können optimiert werden, indem man z.b. die Anzahl der Aushilfen oder die Arbeitszeit reduziert. Eine weitere Optimierungsmöglichkeit wäre es, den Radiospot statt 2-mal/Tag, nur 1-mal/Tag sendet. Dadurch werden die Gesamtwerbekosten gesenkt und ein höheres Budget bleibt für weitere Werbeplanungen bzw. Kampagnen vorhanden.

2.5 Synergieeffekte im Rahmen der Kommunikationspolitik

Im Rahmen der Kommunikationspolitik können einige Synergieeffekte erzielt werden. Die einzelnen Unternehmen ergänzen sich gegenseitig, wie z.B. im Falle einer nicht erfüllten Erwartung eines Kunden in Unternehmen A, besteht die Möglichkeit, dass diese eventuell in Unternehmen B, C oder D erfüllt wird. Da die einzelnen Unternehmen ihre eigene Zielgruppe bearbeiten und die Standorte ideal positioniert sind, entsteht eine große Abdeckung von Zielpersonen in Hannover und Umgebung. Die Unternehmensgruppe ist daher konkurrenzfähiger, verliert weniger potenzielle Kunden an die Mitbewerber und kann dadurch den Gewinn optimieren.

3 Abschlussstatement

Die Attraktivität der Stadt Hannover ist mit „ziemlich attraktiv" zu beurteilen, aufgrund der überdurchschnittlichen Kaufkraft und geringen Arbeitslosigkeit. Das ermöglicht sowohl Personen mit einem hohen als auch mit einem geringen Einkommen die Angebote der jeweiligen Studios zu Nutzen. Das Damenfitness-Studio in der Schaumburgstrasse 10 bietet nicht nur eine schöne Umgebung mit vielen Einkaufsmöglichkeiten und vielen Parks, sondern verfügt wenig Mitbewerber in der Umgebung und ist somit ein idealer Aufenthaltsort für die Zielgruppe. In der Ferdinand-Walbrecht Straße 1 befindet sich das EMS-Studio, welches sich Personen mit hohem Einkommen wie z.B. Geschäftsleute mit wenig Zeit anbietet. Ein weiteres Unternehmen, nämlich das Mikrostudio mit der Positionierung „Functional Training" in der Culemannstrasse 14, mit ebenfalls der Zielgruppe von Personen mit hohem Einkommen, bietet vermutlich die besten Chancen und Erfolgsmöglichkeiten, da es so gut wie keinen anderen Mitbewerber in der Nähe gibt, der über solch ein Angebot verfügt. Zuletzt folgt das Studio im Discounter-Segment in der Oberstraße 10, welches sich sehr zentral in der Nähe von Universitäten befindet, da die Zielgruppe Personen mit einem geringen Einkommen wie z.B. Studenten sind. Jedoch sind hier die Mitbewerber stark und sehr bekannt, was ein leichtes Risiko bzw. eine Herausforderung sein könnte. Die Standorte der jeweiligen Unternehmen sind geschickt ausgewählt und decken bzw. verfügen über eine hohe Reichweite in Hannover. Von daher wird beschlossen alle Studios der Unternehmensgruppe zu eröffnen, um die Initiative zu ergreifen und die Chance auszunutzen um den Gewinn zu maximieren und vor allem zu optimieren.

4 Literaturverzeichnis

Prof. Dr. Frank Daumann, Robin Heinze & Benedikt Römmelt (2012). Strategisches Management für Fitnessstudios. *Sciamus Sport und Management*, 1-10.

Fachbereich Wirtschafts- und Beschäftigungsförderung Region Hannover (2015). Region Hannover. Der Regionspräsident. *Fachbereich Wirtschafts- und Beschäftigungsförderung*, 18-19.

Bundesagentur für Arbeit. (2017). *Statistik nach Region*. Zugriff am 19.11.2017. Verfügbar unter https://statistik.arbeitsagentur.de/Navigation/Statistik/Statistik-nach-Regionen/BA-Gebietsstruktur/Niedersachsen-Bremen/Hannover-Nav.html

Presse- und Öffentlichkeitsarbeit der Landeshauptstadt Hannover. (2016). *Hannovers Bevölkerung in Zahlen*. Zugriff am 19.11.2017. Verfügbar unter https://www.hannover.de/Leben-in-der-Region-Hannover/Politik/Wahlen-Statistik/Statistikstellen-von-Stadt-und-Region/Statistikstelle-der-Landeshauptstadt-Hannover/Hannover-in-Zahlen/Einwohner

Der Oberbürgermeister von der Landeshauptstadt Hannover (2017). Landeshauptstadt Hannover. *Statistische Berichte der Landeshauptstadt Hannover*, 16 bzw. I – 4.

Tauberger A. (2008). *Controlling für die öffentliche Verwaltung*. München: De Gruyter Oldenbourg.

Lammenett E. (2015). *Praxiswissen Online-Marketing: Affiliate- und E-Mail-Marketing, Suchmaschinenmarketing, Online-Werbung, Social Media, Online-PR* (5. Aufl.). Wiesbaden: Springer Gabler.

Schneider W. & Hennig A. (2008). *Lexikon Kennzahlen für Marketing und Vertrieb. Das Marketing-Cockpit von A – Z*. Berlin & Heidelberg: Springer-Verlag.

Weis H. C. (2010) *Kompakt-Training Marketing* (6. Aufl.). Herne: Kiehl.

5 Abbildungs- und Tabellenverzeichnis

5.1 Abbildungsverzeichnis

Abbildung 1: Karte der Marktgebiete..S. 4

5.2 Tabellenverzeichnis

Tabelle 1: Makroumfeldanalyse...S. 4
Tabelle 2: Wettbewerbsanalyse..S. 5
Tabelle 3: Jahresmarketingbudget..S. 6
Tabelle 4: Planung der Kampagne...S. 7
Tabelle 5: Werbeplanung...S. 8
Tabelle 6: Kostenkalkulation..S. 8

BEI GRIN MACHT SICH IHR WISSEN BEZAHLT

- Wir veröffentlichen Ihre Hausarbeit, Bachelor- und Masterarbeit

- Ihr eigenes eBook und Buch - weltweit in allen wichtigen Shops

- Verdienen Sie an jedem Verkauf

Jetzt bei www.GRIN.com hochladen und kostenlos publizieren